BEI GRIN MACHT SICH IHR WISSEN BEZAHLT

- Wir veröffentlichen Ihre Hausarbeit, Bachelor- und Masterarbeit

- Ihr eigenes eBook und Buch - weltweit in allen wichtigen Shops

- Verdienen Sie an jedem Verkauf

Jetzt bei www.GRIN.com hochladen und kostenlos publizieren

René Filippek

Verfilmte Problemliteratur. Buch- und Filmanalyse von "Christiane F. – Wir Kinder vom Bahnhof Zoo"

GRIN Verlag

Bibliografische Information der Deutschen Nationalbibliothek:

Die Deutsche Bibliothek verzeichnet diese Publikation in der Deutschen National-
bibliografie; detaillierte bibliografische Daten sind im Internet über http://dnb.d-
nb.de/ abrufbar.

Impressum:

Copyright © 2001 GRIN Verlag GmbH
Druck und Bindung: Books on Demand GmbH, Norderstedt Germany
ISBN: 978-3-638-88626-0

Dieses Buch bei GRIN:

http://www.grin.com/de/e-book/12448/verfilmte-problemliteratur-buch-und-film-
analyse-von-christiane-f

Verfilmte Problemliteratur:
Christiane F. - Wir Kinder vom Bahnhof Zoo

von

Rene Filippek

WS 2000/2001
Proseminar Streetkids, Randgruppen und Außenseiter. KJL der sozialen Brennpunkte

Verfilmte Problemliteratur:

Christiane F. Wir Kinder vom Bahnhof Zoo

Verfasser:
René Filippek

Inhaltsverzeichnis

1. Vorgehensweise

Die vorliegende Arbeit verfolgt das Ziel eines Vergleichs auf inhaltlicher und formaler Ebene zwischen der Erzählung ` Christiane F. - Wir Kinder vom Bahnhof ZooA und dem gleichnamigen Film. Als Einführung dient ein stark geraffter Überblick zur Geschichte und Theorie der Literaturverfilmung. Die folgenden Beschreibungen der Erzählung und des Films dienen als Grundlage für den inhaltlichen und strukturellen Vergleich. Dieser erfolgt vor allem im Hinblick auf inhaltliche Unterschiede, d.h. auf Ereignisse, die in Buch und Film unterschiedlich dargestellt werden, und den jeweiligen Verlauf Christianes Drogenkarriere. Hier wird untersucht, ob in Buch und Film verschiedene Ursachen für die Sucht präsentiert werden. Anhand dieser Ergebnisse wird die Frage erörtert, inwieweit sich die grundsätzlichen Charakteristika der beiden Werke unterscheiden, ob sich Verschiebungen ergeben in der jeweiligen ` BotschaftA.

Des weiteren wird untersucht, ob die in der Einführung vorgestellten Kategorien auf die untersuchte Verfilmung anwendbar sind.

2. Thema ` LiteraturverfilmungA

Die Anfänge der Literaturverfilmung fallen mit den Anfängen des Films zusammen. Unter den ersten überhaupt gedrehten Filmen finden sich bereits Motive aus Werken wie Goethes ` FaustA. Das aufstrebende neue Medium verlangte nach einer Unmenge von Stoffen, so dass die Anleihe bei der Literatur die logische Konsequenz war, auch, weil viele der Filmregisseure vom Theater kamen und keinen Grund sahen, ihre Arbeitsweise zu ändern. Folglich waren viele der frühen Filme mit längerer Laufzeit (das heißt mit mehr als zwei oder drei Minuten) nichts anderes als abgefilmtes Theater.

Freilich riefen die in der traditionellen Kunstform Literatur sich bedienenden Drehbuchschreiber erheblichen Widerstand auf den Plan:

insbesondere in Frankreich entbrannte um die Wende zum 20. Jahrhundert eine hitzige Diskussion. Der Film als neues Medium trug den Geruch des Vulgären, weil er zum einen in den Varietés seine Heimat hatte, zum anderen, weil er anscheinend kunstlos war und sich aus Sensationslust der altehrwürdigen literarischen Meisterwerke bediente. Erst um 1920 traten auch andere Positionen auf. Avantgardistische Autoren hielten den Film für ein adäquates Mittel, ihre gewünschten Wirkungen anders als in der Literatur zum Ausdruck zu bringen. Auch Antonin Artaud, der mit seiner Konzeption eines ` grausamen TheatersA auf eine extreme Publikumserfahrung zielte, begeisterte sich für den Film. Bei ihm trat an die Stelle einer wertenden Trennung eine rein formale Abgrenzung, in der Film und Theater gleichberechtigt nebeneinander stehen.

Vor dem ersten Weltkrieg wetterten die dem Film abgeneigten Gruppen gegen die Literaturverfilmung als Verrat am literarischen Erbe, während die Befürworter die Verfilmung verteidigten, da sie darin eine Möglichkeit sahen, den Film aus dem Abseits holen und mit den traditionellen Kunstformen gleichstellen zu können. Nach dem Krieg kehrten sich die Positionen beinahe um: die Avantgardisten sahen in der Adaption Verrat am spezifisch Filmischen, während die Traditionalisten die Literaturverfilmung als Bollwerk gegen die zunehmende Trivialisierung des Films betrachteten.

Mit den Jahren verflachten die Gegensätze beider Positionen, verschwanden jedoch nicht. Die Geringschätzung des Films gegenüber den traditionellen Künsten zeigt sich noch heute markant in den öffentlich aufgebrachten Förderungen: während zum Beispiel die Frankfurter Theater trotz der Kürzungen Millionenförderungen erhalten, wird die Filmkultur mit Beträgen unterstützt, die die 30.000 DM - Marke im Jahr selten überschreiten.

Auch hinkt die Literaturverfilmung dem Ansehen der Buchvorlage weiterhin   hinterher: Der Regelfall, dass zuerst das Buch da war und erst dann der Film, verleitet dazu, den Film als minderwertig zu betrachten. Zudem suchen viele in der Verfilmung die spezifisch literarischen

Eigenschaften der Vorlage, die sie zwangsläufig nicht finden, und dabei übersehen sie die spezifisch filmischen Eigenschaften, die sie entsprechend nicht würdigen. Die Position, dass die Literaturverfilmung eine Interpretation eines Stoffes in einem anderen Medium ist, und somit der Literatur gleichkommt, setzt sich nur langsam durch:

> Der Film aber ist immer zuerst Film, und daß seinem Drehbuch, ohnehin nur eine Zwischenstufe im Arbeitsprozeß, einmal ein Roman zugrunde gelegen hat, ist für das Filmische an ihm von peripherer Bedeutung. Wir verstehen den Film, auch ohne den Roman zuvor gelesen zu haben.[1]

Aus dem Grund der Nichtachtung des Films und der angeblichen Irreführung durch den Begriff `VerfilmungА lehnen einige Theoretiker eben diesen ab. Der Begriff `VerfilmungА vermittle bereits eine abwertende Meinung durch Assoziationen wie `Verformung des OriginalsА und derartiges mehr. Andere Vorschläge zur Begrifflichkeit wie `Filmische LiteraturadaptionА umgehen das Problem jedoch nicht. Außerdem ist `VerfilmungА geläufig und sollte als Begriff beibehalten werden.

Die Frage, wie eine `gelungeneА Literaturverfilmung denn auszusehen habe, wurde bisher nicht zufriedenstellend beantwortet. Einig ist man sich, dass der `CharakterА der literarischen Vorlage erhalten bleiben muss. Es hat sich jedoch niemand die Mühe gemacht, genauer zu beschreiben, was damit gemeint ist. Wenn Syd Field in seiner Anleitung zum Schreiben eines Drehbuchs meint:

> `Wenn sie einen Roman für ein Drehbuch adaptieren, sind sie nicht verpflichtet, dem Originalmaterial treu zu bleiben. Ihr Drehbuch muss eine visuelle Erfahrung werden. Das ist ihr Job als Drehbuchautor. Korrekt bleiben müssen sie nur gegenüber dem *Geist* des QuellenmaterialsА[2],

---

[1] Hickethier, Knut: `Der Film nach der Literatur ist FilmА, in: *Albersmeier/Roloff (Hrsgb.), Literaturverfilmungen*

[2] Field,Syd, `Das DrehbuchА, in: Andreas Meyer/Gunther Witte (Hrsgb.), `Drehbuchschreiben für Fernsehen und FilmА

wird das dem Drehbuchautoren nicht viel weiterhelfen. Klar ist nur, dass es zur Verfilmung geeignete und weniger geeignete Vorlagen gibt. Texte, in denen viel Bedeutung auf inneren Vorgängen der Figuren liegt, sind visuell schwer umzusetzen, was aber nicht bedeutet, dass es nicht immer wieder versucht würde (eines der jüngeren Beispiele: die Verfilmung von Prousts ` unverfilmbarenA Roman ` Die Suche nach der verlorenen ZeitA).

Die Bewertung von Literaturverfilmungen ist auch abhängig von den Intentionen des Filmemachers. Helmut Kreuzer[3] hat vier Arten der Literaturadaption differenziert:

1. Die *Aneignung von literarischem Rohstoff*, die sich nur bestimmte Motive aus einem Buch herausgreift und filmisch verarbeitet. Hier ist der Film kaum als Literaturverfilmung zu bewerten, es sei denn, er erhebt diesen Anspruch, obwohl er sich wenig an der Vorlage orientiert.

2. Die *Illustration* eines Romans, die sich sehr eng an Figurenkonstellationen und Vorgänge hält und teilweise Originaldialoge übernimmt. Oft werden auch längere auktoriale Erzähltextpassagen übernommen, die im Off gesprochen werden. Solche Verfilmungen werden häufig als die gelungensten angesehen, weil der Wiedererkennungseffekt am höchsten ist. Doch kann man hier kaum von einem Film sprechen, da er seine eigenen Möglichkeiten unterdrückt und meistens sind diese Werke ohne Kenntnis der Romanvorlage als Film kaum zu genießen.

3. Die *interpretierende Transformation* lässt ein neues, aber möglichst analoges Kunstwerk entstehen. Der Film versucht nicht, das Buch nachzuahmen, sondern den Text des Buches in filmischen Text zu übersetzen. Hierbei hält Kreuzer fest, dass es die ` absoluteA Verfilmung nicht geben kann, da die Subjektivität einer Interpretation ein zu großer Faktor ist (darum wird sich auch mit der Definition einer gelungenen Verfilmung so schwer getan).

4. Die *Dokumentation* schließlich meint vor allem abgefilmtes

---

3 Kreuzer, Helmut, ` Arten der LiteraturadaptionA in: Gast, Wolfgang, *Literaturverfilmung*

Theater, die Aufzeichnung einer Bühnenaufführung vor Publikum oder auch nur der Kamera. Diese Kategorie ist eher hypothetisch, denn diese Art von Verfilmung bezieht sich nur noch auf Film in seiner Materialität und Aufführungsform, hat aber mit dem Kunstwerk Film wenig zu tun.

Kreuzer hält die dritte von ihm aufgestellte Kategorie für die einzig vollwertige Möglichkeit der Literaturverfilmung. Die Grenzen sind dabei natürlich fließend und für jeden Film neu zu ziehen. Zudem bedarf diese Kategorie bei der Untersuchung einer Verfilmung einer weiteren Differenzierung: die Art des ursprünglich vom Roman verwendeten Stoffes. Ob der Stoff rein fiktiv ist oder sich auf reale Begebenheiten stützt, ist natürlich von Bedeutung.

3. Christiane F. - Das Buch

Auf eine Inhaltsangabe wird hier verzichtet und sich nur auf die Aspekte beschränkt, die für den geplanten Vergleich mit dem Film von Bedeutung sind. Zu diesen Elementen gehören die formalen Bestimmungen (Erzählperspektive, Erzählzeit/erzählte Zeit, etc.), der Grad der Authentizität des Textes und die aus dem ihm zu entnehmenden Ursachen für die Drogensucht Christianes.

3.1. Formales

Das Buch hat einen Umfang von 324 Seiten, davon sind 32 Seiten mit Erklärungen versehene Fotos von Personen und Orten, die zu der in der Authentizitätsfiktion geschilderten Szenerie gehören. Die erzählte Zeit umfasst einen Zeitraum von etwa 20 Jahren: der Bericht der Mutter über ein Erlebnis mit sechzehn Jahren ist der früheste erwähnte Zeitpunkt, der späteste das Frühjahr 1978.
Den größten Teil des Textes nimmt die Erzählung Christianes ein, mit

7

einer Einleitung eines Psychologen, unterbrochen von Berichten der Mutter und anderen direkt oder indirekt involvierten Personen. Die Berichte sind jeweils homodiegetisch und intern fokalisiert. Jedoch wird durch die verschiedenen Blickwinkel auf das Geschehen dem Leser praktisch ein auktorialer Überblick geboten. Es handelt sich hauptsächlich um späteres Erzählen, das Vorwort und Teile des Berichtes des Pfarrers sind in der Gegenwartsform geschrieben; ebenso das Ende der Erzählung, wo Christiane in der Gegenwart angelangt ist.

Der Text ist sehr narrativ, es gibt wenig direkte Figurenrede und zeitdeckendes Erzählen.

Daraus resultierende Ellipsen sind in der Regel bestimmt; vor allem in Christianes Text kommt es selten zu unbestimmten Ellipsen. Die Ereignisse sind chronologisch aufgebaut. Es kommt aber immer wieder zu Analepsen, zum Beispiel wenn die Mutter bereits von Christiane geschilderte Begebenheiten berichtet, oder wenn die Vorgeschichte anderer Personen erläutert wird. Prolepsen findet man meistens dann, wenn Christiane ihre eigenen Handlungen bewertet: ` Ich wollte das, ohne auch nur eine Sekunde darüber nachzudenken, dass das der nächste Schritt in die totale Scheiße war.A[4]

Die Frequenz der Erzählung ist grundsätzlich singulativ; eine Aneinanderreihung von Eck- und Wendepunkten im Leben Christianes, die die Gesamtentwicklung ergeben. Durch die Passagen, in der die Mutter zu Wort kommt, werden einige Ereignisse wiederholt erzählt (z.B. als die Mutter Christianes Drogenkonsum entdeckt) und erhalten so repetitiven Charakter. Auch der Drogenkonsum und die Prostitution werden in ihren verschiedenen Ausprägungen wiederholt aufgegriffen, sind aber nicht nur repetetiv, sondern auf einer weiteren Ebene auch iterativ: die Wirkung bestimmter Drogen und Drogencocktails sowie besondere Freier, mit denen Christiane oder ein Mitglied ihrer Clique häufiger zu tun hat, werden exemplarisch behandelt.

---

[4] K. Hermann, H. Rieck: *Christiane F. Wir Kinder vom Bahnhof Zoo*, 1998, S. 94

3.2. Ursachen der Sucht

Das Buch führt als Ursachen für die Verelendung von Christiane F. eine
Vielzahl von Gründen an. Schon das Vorwort verdeutlicht die
Multikausalität der Fehlentwicklungen ihres Lebens. Es handelt sich um

> `...eine Vielzahl miteinander verzahnter Probleme von inhumanem Wohnen,
> Unterdrückung der kindlichen Spielwelt, Krisen in den Zweierbeziehungen
> der Eltern, allgemeine Entfremdung und Isolation innerhalb der Familie wie
> in der Schule, usw.ʌ[5]

Dies sind die grundlegenden, zum Teil für sie selbst offensichtlichen, zum
Teil unterschwelligen Probleme der heranwachsenden Christiane. Infolge
dieser Zustände wird sie vor Entscheidungen gestellt, wie sie sich im
Angesicht dieser vor allem seelischen Belastung verhalten soll. Und hier
nun spielen andere Faktoren hinein, die ihre Entscheidungen beeinflussen.

1. Die Clique mit den von ihr bewunderten Mitgliedern, in der sie versucht,
ihr Bedürfnis nach Anerkennung zu stillen, was mit dem Konsum von
weichen Drogen und Medikamenten einhergeht. Dieses Schema der Suche
nach Anerkennung wiederholt sich, als sie in der Discothek ` SoundA auf
Heroinabhängige trifft, die alle Nichtabhängigen belächeln.

2. Schwer wiegt auch, dass mit dem Umzug der jüngeren Schwester die
letzte Person aus ihrem Umfeld verschwindet, mit der sie über ihre
Situation reden kann.

3. Auch nimmt man ihr die Möglichkeit, Verantwortung zu übernehmen:
als der neue Freund der Mutter Christianes Hund aus der Wohnung
verbannt, gibt es dort nichts mehr, was sie hält.

4. Ihre anfängliche Abscheu gegenüber Heroin beginnt bald zu bröckeln,
insbesondere als der für sie sehr wichtige Freund Detlef anfängt zu fixen.
Wenn er unter dem Einfluss der Droge steht, gibt es große Schwierigkeiten
mit der Kommunikation, Christiane und Detlef leben in verschiedenen
Welten. Als Detlef infolge dieser Entfremdung eine neue Freundin hat,
beginnt auch Christiane, Heroin zu nehmen. Als letzte Hoffnung, sich

---

5 Kai Hermann, Horst Rieck: *Christiane F. Wir Kinder vom Bahnhof Zoo*,1998, S. 5

wieder mit Detlef zu verstehen und der unerträglich glücklosen eigenen Welt zu entkommen.

5. Die Ursachen liegen natürlich auch im Naturell des Mädchens. Der extreme Kontrast zwischen ihrer glücklichen Kinderjahre auf dem Land und die kinderfeindliche Umgebung Berlins macht die seelische Belastung noch größer, als sie in der Großstadt ohnehin schon ist. Doch wäre auch eine andere Reaktion denkbar, und natürlich werden nicht alle Kinder unter ähnlichen Bedingungen drogenabhängig.

6. Auf ihrem Weg zum Heroin gibt es ständig eine Option für Christiane, aus dem Sumpf der Drogen noch zu entkommen, auf die sie aber nur begrenzten Einfluss hat: ihre Mutter. Es gibt aber keinen glücklichen Zufall wie bei ihrer Freundin Kessi, die von ihrer Mutter energisch von möglichen schädlichen Einflüssen ferngehalten wird. Christianes Mutter verschließt die Augen vor der Entwicklung ihrer Tochter und setzt die falschen Prioritäten. Sie glaubt, mit finanzieller Sorglosigkeit ihrer Tochter mehr helfen zu können als mit körperlicher und geistiger Zuwendung und arbeitet zu viel, um diese Aufmerksamkeit noch aufbringen zu können.

Sicher wird man die Verschränkung der Ursachen miteinander komplett nicht auflösen können, aber die genannten Ursachen dürften am schwersten wiegen.

3.3. Zur Authentizität des Buches

Nach der Serie in dem Magazin ` SternA und dem darauffolgenden Buch über das Schicksal der Jugendlichen Christiane F. entbrannte eine Diskussion darüber, inwieweit der Text der Realität entspreche. Es waren gar Stimmen zu hören, die das Werk als komplette Fiktion bezeichneten. Hier sollen nur die Elemente beschrieben werden, die das Buch als Dokumentation ausweisen, ohne deren Richtigkeit nachweisen oder widerlegen zu wollen.

Bereits das Cover im Stern - typischen Design führt den dokumentarischen Charakter vor Augen. Dieses Äußere teilen sich viele Veröffentlichungen des ` SternA. Der schwarze Einband mit den gelben und weißen

Schriftzügen würde freilich auch zu einer fiktionalen Veröffentlichung passen. Jedoch gibt es keine Angabe eines Verfassers, was zusammen mit dem ` SternA - Symbol, welches stellvertretend ist, eine klare Abgrenzung zur Fiktionalität betreibt. Der Name Horst E. Richter, der Verfasser des Vorwortes, ist den meisten Kaufinteressenten wohl kein Begriff: das ` AhaA - Erlebnis nach der Lektüre der Kurzbiografie im Innenteil verstärkt die authentische Wirkung der Umschlaggestaltung. Auf der Rückseite wird in sehr kurzer Form die Drogenkarriere der Christiane F. skizziert, und mit der Erwähnung ihres Werdegangs nach dem Ende der Bucherzählung wird verdeutlicht, dass die Hauptfigur des Buches eine reale Person ist.

Im Innenteil findet man dann Angaben zu den Verfassern, die den Text ` Nach Tonbandprotokollen aufgeschriebenA[6], demnach die mündlichen Äußerungen Christianes verschriftlicht haben. Deren Aussagen ` Zu diesem BuchA[7] beschreiben explizit die Authentizität und die Absicht, zur Analyse von Heroinsucht beizutragen.

Die Auszüge aus der Anklage- und Urteilsschrift gegen Christiane F. manifestieren, dass es sich hier um keine erfundene Geschichte handeln kann: denn hier handelt es sich um nachprüfbare Tatsachen. Im Text selbst tauchen präzise Zeit- und Ortsangaben auf, die es ermöglichen, einige Schauplätze selbst in Augenschein zu nehmen. Auch die Protokolle der Amtspersonen bilden sind eine weitere Stütze der Dokumentation, für die ebenfalls das Bildmaterial in der Buchmitte typisch ist.

Es ist jedoch nicht zu verkennen, dass durch diese Elemente die Authentizität zwar gestützt, jedoch nicht bewiesen wird. Der Inhalt kann trotzdem frei erfunden und an die authentischen Quellen angeglichen sein. Darauf deutet insbesondere hin, dass die Art der Darstellung sicher nicht eine genaue Abschrift von Tonbandprotokollen sein kann. Natürlich muss man einen mündlichen Bericht zur besseren Lesbarkeit bearbeiten. Aber dass Christiane einige Passagen, in denen der erhobene Zeigefinger

---

[6] K. Hermann, H, Rieck: *Christiane F. Wir Kinder vom Bahnhof Zoo*, 1998, S. 4

[7] Ebd., S.3

geradezu greifbar ist, wirklich selbst gesprochen hat, erscheint zweifelhaft. Deshalb erhält der Text eine Note, die nicht dokumentarisch ist, sondern an einen fiktiven Erlebnisbericht erinnert. Daraus ergibt sich die Folgerung, dass das Buch ` Christiane F. Wir Kinder vom Bahnhof Zooᴀ im schlechtesten Fall (in Bezug auf seinen Anspruch) eine Beschreibung eines Schicksals ist, wie es sein könnte.

4. Christiane F. - Der Film
4.1. Inhalt

Seit ihrem sechsten Lebensjahr lebt die dreizehnjährige Christiane zusammen mit ihrer Mutter und der jüngeren Schwester in Berlin. Der Vater lebt getrennt von der Familie. Mit der von ihr bewunderten Freundin Kessi geht Christiane zum ersten Mal in das ` Soundᴀ, eine große Discothek, und kommt dort erstmals mit Drogen in Kontakt, als ein Junge ihr einen ` Tripᴀ, eine Pille gibt und sie auf der Toilette einen Junkie entdeckt. Auch lernt sie dort Detlef kennen.

Als ihre Schwester zum Vater zieht, weil sie nicht damit zurechtkommt, dass die Mutter einen neuen Freund hat, wird die Soundclique und insbesondere Detlef zur Ersatzfamilie. Doch als der anfängt, sich Heroin zu spritzen, stößt das bei Christiane auf entschiedene Ablehnung und sie distanziert sich von ihm. Auch geht sie nun mit ` Leicheᴀ, der schon länger heroinabhängig ist, zu einem Konzert von David Bowie. Dort sieht sie Detlef mit einem anderen Mädchen. Nach dem Konzert pumpt sie Leiche Geld, damit der sich einen Druck besorgen kann. Christiane besteht darauf, auch etwas abzubekommen, obwohl Leiche und sein Freund sie davor warnen. Sie spritzt sich die Droge noch nicht, sondern snieft. Im Sound versöhnt sie sich wieder mit Detlef, der erst sauer ist, dass sie Heroin genommen hat. Sie übernachten bei Axel, mit dem Detlef in einer heruntergekommenen Wohnung wohnt.

Christiane wird 14, mittlerweile hat sie sich mit Babsi angefreundet, die bei ihr übernachtet hat. Sie besucht Detlef am Bahnhof Zoo, wo der für das

Heroin anschaffen geht. Als Detlef, Axel und ein weiterer Freund sich in der Toilette Heroin injizieren, entschließt sich nun auch Christiane, Heroin nicht nur zu sniefen. Sie leiht sich das Besteck eines anderen Junkies, weil Detlef sich weigert, sein eigenes herzugeben. Bald ist sie körperlich abhängig von der Droge, die Detlef noch für sie beide beschafft. Als ihnen jedoch der Stoff ausgeht, muss Christiane Geld besorgen. Dies gelingt ihr jedoch nicht auf die übliche Weise, dem ` SchlauchenA. Sie steigt zu einem Mann ins Auto, den sie für Geld befriedigt. Nun ist sie vollends in die Junkieszene abgerutscht. Eines Morgens spritzt sie sich im Badezimmer unreines Heroin und bricht zusammen. Klaus, der Freund der Mutter, entdeckt die Spritze und das Besteck. Die Mutter holt nun Detlef vom Bahnhof Zoo, damit er zusammen mit Christiane einen Entzug macht. Die beiden schaffen den Entzug, werden beim nächsten Besuch am Bahnhof jedoch gleich rückfällig. Als sie der Fixer - Alltag längst wieder eingeholt hat, finden sie Axel tot in seinem Bett. Detlef will nicht zurück in die Wohnung und muss bei einem Freier wohnen. Als sie die Todesmeldung ihrer Freundin Babsi entdeckt, ist für sie die Situation hoffnungslos. Sie versucht sich auf einer Toilette den ` Goldenen SchussA zu setzen. Sie überlebt und wird von ihrer Mutter in ein Dorf bei Hamburg zu Verwandten geschickt.

4.2. Formales

Der Film entstand 1981 unter der Regie von Ulrich Edel. Die Erzählzeit beträgt ungefähr 135 Minuten, die erzählte Zeit ist nicht genau zu bestimmen. Der Film beginnt mit der Angabe Christianes, seit ihrem sechsten Lebensjahr in Berlin zu wohnen, und endet damit, dass sie seit eineinhalb Jahren in der Nähe von Hamburg lebt. Die Handlung dazwischen spielt in der Zeit um ihren vierzehnten Geburtstag herum, demnach kann man die erzählte Zeit auf ungefähr 10 Jahre schätzen, die Kernhandlung in Berlin dürfte mehrere Monate umfassen. Die Handlung ist chronologisch aufgebaut, außer den Off -Sprachesequenzen am Anfang und Ende gibt es keine Analepsen und auch keine Prolepsen. Die Zeitsprünge zwischen den einzelnen Szenen sind infolgedessen meist so

13

groß, dass man von summierenden Erzählen sprechen kann. Dass die Distanz zum Geschehen dennoch gering bleibt, liegt an der Erzählposition. Die Kameraführung baut eine identifikatorische Nähe zur Hauptperson auf, übernimmt teilweise gar deren subjektiven Blick. Eingeleitet wird dies durch die Nahaufnahme von Christianes Gesicht am Beginn des Films, zu der ihre Stimme aus dem Off zu hören ist. Abweichungen von dieser Perspektive bleiben selten (z.B. als Klaus die Spritze im Badezimmer findet (Min. 88)).

Die Farbgebung des Films wird durch dunkle und erdige Töne dominiert. Es gibt kaum grelle Farben, sowohl Innen- als auch Außenaufnahmen wirken trostlos. Die Beleuchtung unterstützt diesen Effekt, bewegt sich vom Normalstil (die Beleuchtung ist ` naturgemäßA) zum Low -Key - Stil (nur partielle Ausleuchtung, große Schattenflächen).

Visuelle Besonderheiten sind dort anzutreffen, wo das Leben Christianes eine entscheidende Richtung einschlägt. Das große leuchtende ` HA auf der Tür der Herrentoilette im Sound (Min. 31), auf die Christiane starrt und aus der Detlef nach seinem ersten Druck kommt, bei ihrem ersten Snief Heroin (Großaufnahme ihres Gesichts, Tunnelfahrt (Min. 47)) und ihrem ersten Druck (Großaufnahme (Min. 65)). Die Szene des Einstiegs in das Auto ihres ersten Freiers ist in Zeitlupe gedreht (Min. 78), ebenso wie der Selbstmordversuch durch den goldenen Schuss (Min.124).

Die Geräusche des Films sind unauffällig realistisch. Die Musik setzt sich zusammen aus einem immer wieder variierten Thema und einigen Songs David Bowies. Die Musik wird hauptsächlich asynchron eingesetzt (Tonquelle nicht im Bild sichtbar), zum Teil jedoch auch synchron (bei dem Bowie - Konzert). Die Songs von David Bowie sind der einzige Ursprung von Fröhlichkeit in der Musikuntermalung des Films. Ansonsten unterstützt die Musik die bedrückende Stimmung der Bilder.

Entsprechend gestaltet sich auch die gesprochene Sprache. Es wird häufig gedämpft gesprochen, Aggressivität, Verzweiflung und Gleichgültigkeit ausgedrückt. Sprache zum Ausdruck von Freude ist kaum zu finden.

4.3. Ursachen der Sucht

Der Film erlaubt nur einen eingeschränkten Blick auf das Leben Christianes. Der Zuschauer weiß nicht viel außer dem, was der Film zeigt, die Zeit um ihren vierzehnten Geburtstag herum.

1. Was davor war, lässt sich nicht bestimmen. Man erfährt nur, dass der **Vater** offenbar einiges zu Hause angerichtet hat (Minute 14). Wo Christiane vor ihrem sechsten Lebensjahr gelebt hat, bleibt völlig im Dunkeln.

2. Ihre Umgebung ist eine wichtige Ursache ihrer Drogenprobleme. Zwar wird kein kausaler Zusammenhang konstruiert; doch die Aufnahmen aus Christianes Wohnsiedlung und die Stadtbilder sind so trostlos und grau, dass der Zuschauer einen solchen Zusammenhang selbst herstellen kann.

3. Der Auszug ihrer Schwester zum Vater nimmt Christiane sehr mit. Die Schwester kommt mit der neuen Beziehung der Mutter nicht zurecht und geht; Christiane hat damit ebenfalls Probleme (wie später deutlich wird), bleibt jedoch und ist nun ganz allein.

4. Die geringe Aufmerksamkeit der Mutter wird zum einen durch Handlungen deutlich gemacht. Als sie Christiane einen gemütlichen Abend verspricht, kommt plötzlich Klaus dazu, dessen Anwesenheit Christiane nicht als gemütlich empfinden kann(Minute 17). Auch als sie sich tätowiert, hat die Mutter erst etwas dagegen, lässt aber schnell die Vorbehalte unter den Tisch fallen (Minute 27). Zum anderen wird die stark abnehmende Bedeutung der Mutter verdeutlicht durch die bloße Abwesenheit: sie taucht überhaupt nicht mehr auf.

5. Die Freundschaft zu Detlef lässt sie ihre Abscheu gegenüber Heroin vergessen, sie will die Droge, um mit ihm auf gleicher Höhe zu sein.

6. Diesen Entschluss fasst sie aber erst, als sie erkennt, dass sie unter den Mitgliedern der Clique niemanden finden kann, der mit ihr zusammen Detlef am Erstkonsum von Heroin hindert.

4.4. Zur Authentizität des Films

Fünf Jahre nach Erscheinen des Buches kam der Film ` Christiane F. Wir

Kinder von Bahnhof ZooA in die Kinos, mit dem Hinweis, ` nach dem gleichnamigen

Stern - Buch nach Tonbandprotokollen aufgezeichnetA gedreht worden zu sein. Die Aufmachung der Videohülle unterscheidet sich jedoch deutlich von der des Buches. Anstatt des nüchternen schwarzen Einbandes leuchtet dem Betrachter ein grellbuntes Cover entgegen, das dem Farbempfinden unter Drogeneinfluss nachgeahmt ist. Der Titel und die Beschreibungen erinnern in ihrer Optik und ihrem Inhalt an Boulevardmagazine und - zeitungen: ` Sie erleben den Himmel. Sie erleben die Hölle. Sie sind noch Kinder und haben ihre Zukunft schon verspieltA.

Dazu der Hinweis der ` besonderen MitwirkungA David Bowies. Die Covergestaltung setzt auf den Voyeurismus, der bereits dem Buch vorgeworfen wurde. Der Vorspann jedoch ist ganz im Stern - Design gehalten, mit der deutlichen Erwähnung der Quelle, nämlich der Dokumentation von Horst Rieck und Kai Hermann.

Gedreht wurde an vielen Originalschauplätzen, in der Berliner Gropiusstadt, am Bahnhof Zoo, der Toilette am Bülowbogen, der Discothek ` SoundA und dem Europazentrum. Dies wird jedoch nicht explizit herausgestellt. Über die Originalschauplätze weiß man nur Bescheid, wenn man berlinkundig ist oder zumindest das Buch gelesen hat. Die Mitteilung am Ende des Films, in dem über die ` LäuterungA des Sound berichtet wird, ist der einzige Hinweis auf die authentischen Schauplätze. Die Auswahl der Darsteller musste berücksichtigen, dass im Gegensatz zu anderen Literaturverfilmungen viele Figuren im Buch ein Gesicht durch die dokumentarischen Fotos bekommen haben. Die Schauspieler entsprechen diesen in ihrer Ausstrahlung und weisen teilweise sogar große Ähnlichkeiten auf.

Dennoch kann keine Rede davon sein, dass der Film wirklich authentisch ist. Dafür fehlen zu viele Begebenheiten aus dem Buch, zu viele Tatsachen werden aus dramaturgischen Gründen verdreht. Er hat auch nicht diese Absicht, sondern setzt auf die Stimmung anstatt auf pure Information, ist keine nüchterne Bestandsaufnahme, sondern eine Beschreibung eines seelischen Zustands.

5. Schlussbetrachtung

Es lässt sich also festhalten, dass das Buch und der Film grundlegend verschieden sind, ohne voneinander entfremdet zu sein. Das Buch ist Dokumentation und Information, trotz des nicht zu bestimmenden Grades an Fiktion. Dies wird vor allem durch die Mehrperspektivität erreicht, die dem Leser einen Überblick über Hintergründe verschafft. Der Film dagegen nimmt eine sehr persönliche Position ein. Er spiegelt geradezu das Bewusstsein Christianes wider, das sich immer mehr auf das für sie Wesentliche ausrichtet, die Beschaffung der Droge.

Dies kann natürlich nur durch eine Reduktion der Vorlage gelingen. Die Beschränkung auf einen kurzen Zeitraum der Filmerzählung, die deutliche Reduktion des Figurenvorkommens und die angepasste Handlung ermöglichen die Tiefe der Darstellung, die den Abstieg Christianes glaubhaft macht, auch ohne dass an der Oberfläche die kausalen Zusammenhänge als besonders schlüssig oder zwingend erscheinen. Somit wäre im Sinne der oben vorgestellten Theorie der Literaturverfilmung positiv anzumerken, dass der Regisseur die spezifisch filmischen Elemente zur Geltung kommen lässt und nicht zu sehr auf den Wiedererkennungseffekt setzt. Er hat ein ästhetisches Werk geschaffen, dessen kunstvolle Bilder teilweise beeindruckend sind. Kritisch zu betrachten wäre vielleicht, vor allem aus pädagogischer Sicht, dass trotz der ungeschminkten Darstellung des Elends der Drogensucht diese eine Faszination auf den Zuschauer ausübt. Natürlich wird vordergründig die Gefahr der Drogen herausgestellt, dennoch ist nicht zu bestreiten, dass es sich um ein kommerzielles Produkt handelt, und Produzent Bernd Eichinger wird mehr Interesse an der materiellen Produktivität des Films als an seinem pädagogischen Wert gehabt haben (was keine Wertung darstellen soll, schließlich ist der Kinofilm immer auch ein kommerzielles Produkt). Das wird besonders deutlich an der Mitwirkung des insbesondere in den 70ern und 80ern populären David Bowies. Die

17

Zugkraft seines Namens dürfte in erster Linie der Gewinnmaximierung gedient haben. Denn sein Auftritt im Film ist nicht sinnstiftend, es sei denn, man sieht ihn und seine Musik als Verführung zum Drogenkonsum an. Dass Bowie in Sachen Heroin- und Kokainkonsum kein Unschuldslamm war, ist hinlänglich bekannt. Und das Christiane ausgerechnet nach seinem Konzert zum ersten Mal Heroin nimmt, verführt zu Spekulationen über den Einfluss von Idolen auf ihre Fans (hierzu könnte man noch einige Seiten schreiben, was aber nicht in diesen Rahmen gehören würde).

Bei einer Beurteilung nach Kreuzers ` Arten der LiteraturverfilmungA ordnet man den Film ` Christiane F. Wir Kinder vom Bahnhof ZooA der dritten und somit der hochwertigsten Gruppe der Verfilmungen zu. Dabei behandelt man das Buch freilich wie einen Roman und zäumt so das Pferd praktisch von hinten auf. Denn vor dem Hintergrund der Diskussion über die Authentizität und den Charakter des Buches muss man die Frage stellen, inwieweit man den Film überhaupt als Literaturverfilmung behandeln kann. Muss man nicht eher von einem Film über eine wahre Begebenheit sprechen? Diese Diskussion kann hier nicht geführt werden, ich bin jedoch der Meinung, dass man ihn durchaus als Literaturverfilmung sehen muss, aus Gründen, die ich in Punkt 3.3. bereits angedeutet habe.

6. Literaturverzeichnis

Primärliteratur:

Hermann, Kai, Rieck, Horst: *Christiane F. Wir Kinder vom Bahnhof Zoo*
Herausgegeben von Dr. Werner Funk
Verlag Gruner + Jahr, Hamburg
42. Auflage 1998

Sekundärliteratur:

Field, Syd; Märthesheimer, Peter; Längsfeld, Wolfgang u.a.:
Drehbuchschreiben für Fernsehen und Film
Herausgegeben von Andreas Meyer und Gunther Witte
Verlag List, München, Leipzig, 1996
6., aktualisierte Auflage

Gast, Wolfgang: Literaturverfilmungen *(Themen - Texte - Interpretationen, Band 11)*
Herausgegeben von Hans Gerd Rötzer
Verlag C.C. Buchner, Bamberg
1. Auflage 1999

Kreuzer, Helmut: ` Arten der LiteraturadaptionA, in: Gast, Wolfgang:
Literaturverfilmungen (s.o.)